井村雅代コーチの

結果を出す力

あと「1ミリの努力」で限界を超える

井村雅代

PHP

はじめに

大切なのは「心の才能」を鍛えること

「才能」という言葉を聞くと、記憶力がいいとか、走るのが速いとか、音感がいいとか、いろいろなことを思い浮かべると思います。

でも、どんなに才能があると言われる人でも、うまくいかない時は必ずありますし、誰もがスランプになります。

そんな時、「自分には才能がない」「私には能力がない」と自分を評価してしまい、「自分には向いていない」と思ってしまうことがあります。でも、それは違います。

人間にとって一番大切なものは「心」です。もし、物事がうまくいかなかったら、心の中で「自分はがんばったつもりだったけれど、きっと努力が足りなかったのだ。もっとがんばろう。もっと努力しよう」と思えるかどうか。私はこれを「心の才能」と呼んでいます。

努力が足りないのだから、もっと努力しようと思い、行動に移さなくてはいけない。今まで一〇回やっていたならば、これからは五〇回やろう、一〇〇回がんばろうと思えて、実行できるかどうか。それが「心の才能」です。

シンクロでも、脚が長いとか、スタイルがいいとか、そんな才能があるに越したことはありません。けれど一番大切なのは、たとえ一ミリでもいいから前に進む努力を続けることができる「心の才能」なのです。

本書では、私が選手たちの「心の才能」を伸ばすために何度も言い聞かせてきた言葉をご紹介しています。これらの言葉は、スポーツの世界だけではなく、将来に不安を覚える学生の方から、部下指導などに悩むビジネスマン、子育てに悩む親御さんなどに、前向きに生きるためのヒントになってくれるのではないかと考えています。

皆さんの毎日の生活に、少しでも元気を出してもらえることに役立てば、これほど嬉しいことはありません。

二〇一六年八月　リオから帰国後に。

井村雅代

井村雅代コーチの結果を出す力【目次】

第1章

結果を出す力を高める

第2章 失敗が怖くなくなる力をつける

第3章

レベルアップするための力を手に入れる

第4章 自分の可能性を高める力を強くする

第5章

人を育てる力の大切さを知る

装丁……戸塚みゆき（ＩＳＳＨＩＫＩ）
装丁写真……長田洋平／アフロスポーツ

第 1 章

結果を出す力を高める

心のトレーニング❶

「なにがなんでもやる」から目標を達成できる

「なぜ井村さんのチームはメダルを取れるのですか？　結果を出せるのですか？」とよく聞かれます。答えは簡単で、「結果を決めているから」です。

二〇〇六年一二月に中国代表のヘッドコーチになった時も、二〇一五年一月に日本代表ヘッドコーチに復帰した時も、一年数カ月後のオリンピックでメダルを取ると決めていました。チームには必ず目標が必要で、その目標を決めるのはリーダーの大切な仕事です。

もしチームに目標がなかったらどうなるでしょう。チームはどこに進んでいいのかわからず、メンバー一人ひとりも何をどう、がんばればいいのかがわかりません。目標のない努力ほど無意味なものはありません。

　ですから、リーダーはメンバーに具体的に目標を伝えることが重要なのです。私の場合で言えば、「メダルを取る」、そのために「何点取る」というのが大きな目標です。

　目標の得点が決まったら、その得点を取るためには、足の高さはこれくらいでなければならない、回るスピードはこれくらい、泳ぐスピードはこれくらいといった各スキルの目標もわかりますから、それを選手に伝えます。

　こうした目標と現状を見比べて、一年前にはどこまで到達していなければならないか、半年前はどこまで、三カ月前はどこまでと、チェックポイントを決めて指導していきます。

　ただ、こうしたスケジュール通りにチェックポイントをクリアできることは、ほとんどありません。一年前なら一年前のその日にクリアできているというのは、一〇回中二回あるかどうかです。

ビジネスでも同じではないでしょうか。目標を立て、そこに到達するまでの計画を立てても、計画通りにはいかずに徐々に遅れていくことが多いと思います。重要なのは、ここでどうするかです。

ここで、「まだ時間はある」とか、「あとでがんばればなんとかなる」などと考えたら、一〇〇パーセント目標を達成することはできません。「なにがなんでもやる」と決めて、できるまでやり続ける。一日でも早く帳尻が合うように、それまでの何倍も練習しなければならないのです。

なかなかチェックポイントをクリアできない時には、あせりも出てきます。しかし、あせらないと駄目。あせって必死に努力して初めて、どうにかチェックポイントをクリアできるのです。

チェックポイントを決めたら、絶対にそれをクリアする。なにがなんでもやる。目標を達成するためには、その気持ちが大事なのです。

1

自分の取れる〝一番〟を取りにいくことが大切

「浮いて」しまうことを怖がってはいけない

最近の若い人たちが、一番好きな言葉は何だと思いますか？　私が若い選手を指導していて頭に浮かぶのは、「チームワーク」と「絆」です。もう、何でもかんでも「チームワーク」と「絆」です。若い人たちはこの言葉を聞くと、ホッとするみたいです。

ですから私が今、一番苦労していることは何かというと、どんなにずば抜けた力を持っていても、練習でまわりの選手の力に合わせようとする選手に、もっと上の力を出させることです。

個人の力は選手ごとに違います。それなのに今の選手たちは、全力を出して他の選手よりも抜きん出ること、目立つことを嫌がります。みんな横並びが好きで、みんなと一緒が大好きなんです。

　それでは駄目です。自分には自分なりの考えがあって、他人にはそれぞれの考えがある。自分にできないことがあって、他人にできることがある。世の中とはそういうものです。その中で、態度や言葉で自分の意思や力量を主張しなければならないのに、仲間たちの間で「浮いて」しまうことを嫌がるのです。

　スポーツの世界でも、社会においても、すべてのことに序列がついて当然です。でもその序列は、ある一つのことについてのものであって、別のことにはまた別の序列があります。

　ですから、まずは自分が打ちこんでいることについて、自分が取れる一番を取りにいかないと駄目なのに、それを嫌がる。これが今の若い人に共通しています。

自分には自分のよさがあって、そのよさを出さなくてはその人は絶対に伸びません。

他人のよいところや優れたところを見つけたならば、自分もそうなりたい、そのよさを超えたい、と思わなくてはいけないのです。

本番前の練習（2015年8月・世界水泳カザン大会、写真：長田洋平／アフロスポーツ）

2

優しさはとても大切。
でも、戦いの場に
持ち込んではいけない

「厳しさ」と「思いやり」のメリハリをつける

私は一〇年ぶりに日本代表のヘッドコーチに復帰して、選手たちを指導することになりました。そこで一番感じたことは、今の若い選手たちが、「打たれ弱くなった」ということです。

今の若い人たちは、いわゆる「ゆとり教育」を受けてきた世代です。この世代の若者たちの特徴は、とても優しいことです。人を思いやることができます。これは、人間として一番大切なことだと思っています。

私は、シンクロという競技で勝利をつかむために、選手たちを徹底的に追い込み、厳しい言葉を投げかけながら指導しています。でも、私の指導の最終的な目的は、なにがなんでも選手を勝たせることではありません。

一番大切なのは、競技が終わった時に、お互いに相手を思いやることができる人間をつくることにあります。弱い人を助けることができる人間になってもらいたいのです。

しかし、シンクロは厳しい勝負の世界です。その戦いの場にまで、優しさを持ち込んでは駄目です。人間としての優しさを内に持ちながらも、試合においては勝負に徹する厳しい覚悟を持つ必要があります。このメリハリをつけることが大切なのです。

3

結果が出てこそ初めて、がんばった日々も輝く

「私はがんばりました」は言い訳でしかない

スポーツの世界に限らず、ビジネスの世界でも、厳しい言い方をすれば結果がすべてです。私は選手たちが結果を出すために、あらゆる厳しい指導をしています。

結果にこだわるのは当然のことです。しかし最近の若い人たちは、結果へのこだわりが弱いように感じます。これは、最近では大人自身が結果にこだわらなくなっていて、そんな大人に接しながら成長したせいかもしれません。

勝負には、文字通り「勝ち」と「負け」があります。勝負に敗れ、思うような結果が残せなかったとしても、「がんばった日々に価値がある」と言う人もいます。

でも、私はそうは思いません。「私はがんばりました」などという言葉は、言い訳でしかありません。

結果が出てこそ、がんばった日々に価値が出てくるのです。なのに、最近では、がんばっただけで、自分を褒めている人が多すぎます。苦しみながらもがんばった日々があって、それが結果に結びついて初めて、がんばった日々が輝くのです。

4

「結果を出しなさい」と言われたら、「面白いチャレンジだ」と受け止める

結果を出すことは、苦しいことではない

シンクロという競技で、選手たちに結果を出させることが、私たち指導者に課せられた義務だといえます。そのためにも選手たちに、結果を出すことは苦しいことだとか、辛いことだと思わせてはいけません。

特に若い方々に対して伝えたいのですが、結果を出すことを求められたら、「これは面白いことなんだ。楽しいことなんだ」と思えるようでなくてはいけません。「これは面白いチャレンジなんだ」と受け止められれば、自ずと結果はついてきます。

社会に出れば、必ずいろいろな壁にぶつかるでしょう。その時は、それを

壁とは思わないで、「自分は試されている」と思ったほうがいいでしょう。試されている、それなら受けて立ってやる、というくらいの気持ちが持てれば、仕事も、人生もきっと楽しくなります。

世界選手権でメダルを獲得（2015年7月・世界水泳カザン大会、写真：長田洋平／アフロスポーツ）

「できない」わけがない。なぜなら「できるまでやる」から

5

できる人が寝ている間に、できない自分が寝ていたら駄目

人生というものは、それこそ山あり、谷ありで、様々な困難が待ち構えています。でも、それを乗り越えることこそ、人生の醍醐味だと思います。そんな時にこそ、「私は生きている」と実感します。

人間にはそれぞれ長所と短所があり、得手不得手があります。自分ができなくて、隣の人ができる。だったら、できる人が寝ている間に、自分が寝ていたら駄目です。コツコツと努力をする。それ以外に自分ができるようになる方法はありません。

人が一分でできることを、たとえ一時間かかってもいいじゃないですか。自分の人生なのですから、どんなに時間をかけてもいいんです。

シンクロで、一糸乱れぬ演技を見た観客の方が、皆さんこうおっしゃいます。「なぜ、あんなに動きがぴったりと合うんですか？」。答えは一つです。「合うまで練習するからです」。

できないわけがないのです。なぜなら、「できるまでやる」からです。人生は、うまくいかなくて当然。壁にぶつかって当然。だから、できるまで努力するのです。

本番前に最後まで指示を出す（2015年8月・世界水泳カザン大会、写真：長田洋平／アフロスポーツ）

6

「一ミリの努力」を
できる人が結果を出せる

小さな目標をクリアすることの大切さ

目標を立てる時には、大きな目標とともに、小さな目標も掲げなければなりません。

小さな目標とは、日々の目標です。大きな目標を持っている若い人は、結構いるのですが、小さな目標を持っている人は少ないのです。「大きな目標を実現させるために、あなたは今、何をすればいいの？　明日はどうするの？」と聞くと、何も言えずに黙ってしまう若者がとても多い。

たとえば、いきなり垂直跳びで一〇センチ高く跳びなさい、と言ってもそれは無理です。けれども、今日は昨日より一ミリだけ高く跳びなさいと言われたら、それなら跳べるでしょう。毎日一ミリずつ進化する。一歩ずつ前に行く。この小さな努力が大切なのです。

私が中国で指導していた時のことですが、選手たちに苛酷な練習をさせてばかりで、自分は何の運動もしていないなと思って、朝起きたらベッドの上で腹筋をすることに決めました。二〇回くらいやろうと思っても、最初の頃は一二回くらいしかできませんでした。そこで、「よし、今日から一ミリの努力をしていこう」と決心して、翌日は一三回、翌々日は一四回と、一回ずつ回数を増やしていきました。

そうしたら、今でも忘れられませんが、三二回の翌日に、どうしても三三回ができないのです。その時、私は「あと一回くらいできないわけがないじゃないの！　ここで止まるわけにはいかない」と自分に言い聞かせました。すると、三三回できたのです。そんなことを繰り返しながら、最後には一〇〇回できるようになりました。

自分の可能性を自分で信じて、一ミリの小さな努力を積み重ねて前へ進む。そうすれば必ず、あなたの思いは遂《と》げられます。

会心の演技に思わずガッツポーズ（2016年8月・リオ五輪　チームフリールーティン、写真：Enrico Calderoni ／アフロスポーツ）

第 2 章

失敗が怖くなくなる力をつける

チームのレベルは一番上の人に合わせる

チームを指導していると、メンバーの一人が、これまで誰もできなかったことができるようになる瞬間があります。この瞬間、まわりのメンバーもそれに気づいて、チームがガラッと変わります。

なぜなら、一人ができれば、その人を見本にしてチーム全員ができるようになるからです。

人間は、見て学ぶ能力が非常に高い動物です。だから、「○○さんの動きをよく見て練習しなさい」と言えば、遅かれ早かれ、全員ができるようになります。

しかし、これはコーチの力量とは関係ありません。ボトムアップは、コーチの仕事ではなく、選手の仕事です。

　では、コーチの仕事は何かと言えば、いかにしてその「最高のレベルの一人」を生み出すかです。最高のレベルの一人には見本がありません。見本がないなかで、いかに新しいスキルを身につけさせるか、もう一段高いレベルに引っ張り上げるか。それこそが、コーチの仕事なのです。

　チームメンバーの力量は、それぞれです。シンクロのチームは八人で泳ぐのですが、「誰に合わせているのですか？」と聞かれることがあります。四番目の人、つまり真ん中の平均的な人に合わせていると思われるかもしれませんが、実際は一番高いレベルの人に合わせています。

　高さが一番の人、スピードが一番の人、ジャンプが一番の人、それぞれの一番の人に合わせます。それは当然で、もし四番目の人に合わせたら、一番の人に「全力で泳いでは駄目。手を抜いて泳ぎなさい」と言っているのと同じことになってしまいます。これは一番の選手に対して大変失礼なことではないでしょうか。

また、真剣勝負の試合で、手を抜いて泳いでいる選手がいて勝てるはずがありません。全員が全力を出し切って、ようやく勝てる。だから、全員が一番の人と同じレベルで泳ぐのが当然なのです。

そして、この一番の人のレベルを引き上げるのがコーチの仕事であり、リーダーの仕事です。

もちろん、コーチである私にも、どう指導すれば、今できないことができるようになるのかはわかりません。一人ひとりの選手をよく見て、試行錯誤《しこうさくご》を繰り返しながら、まだ誰も見ぬ世界へ選手と一緒に進んでいくという感じです。

もっと言えば、どういった方向に選手を進化させれば確実にメダルが取れるのか、最初から見えているわけではありません。

それでも、チームをゴールに連れていくのがコーチの仕事ですから、人の心はどちらの方向に動いているだろうか、世界の価値観はどのように変わりつつあるだろうか、ありとあらゆることにアンテナをはって、先を読んで、目標を決めます。

目標を決めたら、なにがなんでもそこまで行く。その繰り返しです。

一度でも諦めてしまったら、諦めた自分と一生一緒にいなくてはならない

7

ギブアップした自分が許せますか

最近の若い人はすぐに諦めてしまう、と聞くことがあります。確かに昔に比べて物事を諦めるのが早いような気がしています。

諦めることは、いつでもできます。でも、それは最後の最後にすべきこと。そんな、いつでもできることをしてはいけません。「諦めた」「やめた」「もういいねん」という言葉を口から出してしまったら、もうそれで自分は止まってしまいます。

どうやら私は、人から見ていると何事もうまくいっているように見えるようですが（笑）、決してそんなことはありません。

私は、うまくいっていないのならば、絶対にそのままで終わるのは嫌です。なぜかというと、諦めてしまった自分と一生つきあっていくのが嫌なのです。

うまくいかないから投げ出した、ギブアップしたということは、何より自分が一番よくわかっています。そんな自分と一緒に生きていくのが嫌だから、絶対に諦めたくないのです。

ですから私は、たとえうまくいかなかったとしても、「それなら、どうしたらうまくいくのだろう」ということしか考えないのです。

言い訳を考える時間があるならば、うまくいく方法を考えなさい

8

叱られると、いろいろなことが学べる

人間は神様ではないから、いろいろなことがうまくいかないこともあります。失敗もたくさんします。会社であれば、上司に叱られることもあるでしょう。

でもそんな時は、「ああ、自分はなんて駄目なんだ」と思うのではなく、自分の未熟さを素直に認めて、「今度は叱られないようにしよう」と思えばいいのです。

失敗をすると、上司にいろいろなことを言われるでしょう。その一言一言には、あなたを成功に導くヒントがたくさん隠されています。だからこそ、

失敗して叱られることで、いろいろなことを学ぶことができるのです。

一番やってはいけないのは、言い訳を考えることです。そんな時間があるならば、どうすれば次はうまくいくだろうかと考えるほうが、よほど自分のためになります。

リオ五輪での笑顔（2016年8月・リオ五輪　デュエット決勝、写真：長田洋平／アフロスポーツ）

9

失敗を整理して次にやることを導き出せば、チャレンジが楽しくなる

「何が悪かったのか」と素直に聞いてみよう

失敗をしてしまったら、かっこうをつけずに「私の何が悪かったのでしょうか？」と周囲に聞いてみましょう。

そうすると、聞かれた人は必ず、「ここを直せばいいよ」と教えてくれるはずです。

きっと、いろいろなことを言われるでしょう。でも、言われたことをすべて、その通りに受け入れる必要はありません。

まずは、言われたことを頭と心に入れて、自分自身で整理をしてみてください。

言われっぱなしで、「どうしよう、どうしよう」と悩むのではなく、きちんと自分なりに消化して、今は全部できないけれど、まずはこれからやってみようという行動の指針を導き出してください。そうすれば、次へのチャレンジは、きっとうまくいくはずです。

映像を使っての指導（2016年1月・日本代表公開練習、写真：日刊スポーツ／アフロ）

失敗は、本当に自分が変われて、多くのものを得られる経験

10

失敗にはたくさんの宝物が隠されている

失敗をした時には、周囲の人から失敗した原因を素直に聞くことが大切だと言いました。でも、たくさん言われたことを、すべていっぺんにやろうとしても、できっこありません。言われたことを、これも、これも、これもとすべてやろうとすると、「どうしよう」「どうしたらできるだろう」とパニックになってしまい、自信を失ってしまいます。

そんな時は、まずはこれだけは絶対にやってみよう、と一つのことに集中して、例えば、叱った上司が驚くような出来栄えに仕上げてみる。そんなふうに考えることも大切ではないでしょうか。

そうなれば、失敗することで自分が大きく変わることができる。自分自身にとっても、たくさんのものを得ることができると思います。「失敗は成功の母」と言いますが、失敗には宝物がたくさん隠されているのです。

指導に真剣に耳を傾ける選手たち（2016年4月・ジャパンオープン公式練習、写真：長田洋平／アフロスポーツ）

チームのレベルは、中間ではなくトップに合わせる

11

各自が一〇〇パーセント以上の力を発揮する秘訣

シンクロという競技は、チーム全体の動きの同調性や調和性、美しさやダイナミックさを競います。ですから、突出した力のある選手がいることよりも、メンバーの力が均一化していることが重要になります。あるレベル以下の選手がいると、どうしてもチームとしてのバランスが崩れてしまいます。

そこで大きな問題が起こってきます。練習や本番で、演技のレベルをどの選手に合わせるかということです。

普通に考えると、中間に位置する選手のレベルに合わせればいいと思うのではないでしょうか。でも、それでは試合で結果を出すことはできません。

どうするかというと、私は必ず一番上の選手のレベルに合わせます。

もし、三番目の選手のレベルに合わせたとしたら、一番目と二番目の選手は、力を落として演技することになります。スポーツであれ、ビジネスであれ、チームというものは全員が上を目指し、全力を尽くしている時にこそ、最大の力を発揮します。それなのに、力を加減している人が交じっていては、チームの士気が落ちてバランスも崩れ、最高のパフォーマンスを発揮することができません。

最高の結果を導き出そうとするならば、チーム全体のレベルを、中間ではなくトップに合わせるべきです。それでこそ、選手一人ひとりが自らの限界に挑戦し、一〇〇パーセント以上の力を発揮することに繋がるのです。

自分で自分の「心のスイッチ」を入れなくてはいけない

12

「絶対に勝つ」と自分に言い聞かせる

以前に日本代表チームのヘッドコーチを務めていた時と、再びヘッドコーチに復帰した今とで、選手たちへの声の掛け方は大きく変わりました。特に、本番の演技でプールに選手たちを送り出す時の声の掛け方は、以前と全く変わりました。

今の若者は、「よし、行くぞ！」と自分を奮起させて、自分の〝心のスイッチ〟を入れることが下手です。ですから、試合前のコーチの役割も変わってきていて、選手たちの心のスイッチを入れて、背中を押してあげて、〝戦うモード〟にすることがコーチの仕事になりました。

試合に出て行くということは、戦いの場に出て行くということです。自分の力が試される場に、腹を括《くく》って出て行かなくてはなりません。これは、ビジネスマンが会社から営業の現場に出る時も同じです。

そんな時は、自分自身で「よっしゃっ！」と気合を入れて、絶対に勝って帰ってくると自分に言い聞かせる。その覚悟ができているかどうかで、勝負の行方《ゆくえ》は大きく左右されます。どこかで自分を切り替える〝心のスイッチ〟を入れることが必要なのです。

選手を信じて本番に送り出す（2016年5月・ジャパンオープン　チームフリールーティン決勝、写真：アフロスポーツ）

第 3 章

レベルアップするための力を手に入れる

ひ弱になった現代っ子を育てるには

一〇年ぶりに日本代表のヘッドコーチに復帰して驚いたのは、選手が大きく変わってしまっていたことでした。まるで外国にいるかのようで、日本語で話しているのに、私の言葉が通じないのです。

例えば、今の選手たちは「チームワーク」という言葉が大好きです。「みんな一緒」が大好きで、横並び。一番になろう、最初の一人になってやろうといった気概など微塵《みじん》もありません。

自分が失敗したら誰かに補ってほしい。その代わり、誰かが失敗したら私が補うから。それがチームワークだと思っているのです。私に言わせれば、それはチームワークなどではなく、単なる傷の舐《な》め合いです。だから、次のように言っています。

「助けてあげようなんて考えなくていい。隣の人のことはほっときなさい。あなたは、あなたのできることを一〇〇パーセントやればいいの。自分の力を出し切りなさい」

チーム内に競い合いがなければ、レベルは上がりません。「負けたくない」「一番になりたい」という気持ちをメンバー全員が持って、一年、二年と切磋琢磨《せっさたくま》した結果生まれるのがチームワークではないでしょうか。

また、今の若い人たちは「自主性」も勘違いしています。「自主性が大事」「自主的に行動しなさい」と言われて育てられたため、何でもかんでも自分一人でやらなければならないと思っているのです。

そのため、「人に聞く」ということができません。自分の考えだけでやり続け、やがて壁にぶつかり、そこを突破することができないのです。

「もっと聞きなさい。コーチを頼りなさい。利用しなさい」

最近は、そう言い続けています。「これでいいのかな」と思ったら、コーチに確認すればいい。遠慮する必要などありません。そのためにコーチがいるのですから。

そして、今の選手たちは、練習を積み重ねることがメダルに繋がるということが理解できていません。一〇年前までの選手なら、練習を積み重ねることでしかメダルを取ることはできず、メダルを取るためには日々の苦しい練習が絶対不可欠なものだということは、最初から理解していました。ところが、今の選手は、日々の積み重ねがなくてもメダルが取れると思っています。何という平和ボケ！　そんな都合のいい話、あるわけがありません。

そんな選手にどうやって日々の練習をさせるかと言えば、アメとムチです。おだてたり、叱ったり、あの手この手を使っています。と同時に、チャレンジする面白さやメダルが取れた時の感激、負けた時の悔しさなど、いろいろな話もします。

話をするといっても、ミーティングばかりしていては練習ができず、チームは強くなりませんから、何かにつけ、ちょっと話すようにしています。説教だと思われたら負けで、そう思われた瞬間に「あーまた始まった」となって話の内容を受け入れてもらえません。遠回しの話も駄目で、長いのも駄目です。ダイレクトに短く話すことを心がけています。

また、一〇人に同じ話をしても、心に届く人と届かない人がいます。今日届かなかった話が、明日届くこともあります。ですから、何度も何度も、手を替え、品を替えて話をする必要があるのです。

正直なところ、とても面倒くさい。しかし、日本の若者の実態がそうである以上、面倒くさいと言っているわけにはいかないのです。

チームワークという言葉ほど、手抜きの人間を生み出す言葉はない

13

レベルの低い絆は、傷の舐め合いでしかない

私は、「チームワーク」という言葉ほど、手抜き人間を生み出す言葉はないと考えています。今の若い子たちは、「チームワーク」と「絆」という言葉が大好きです。でも、裏を返せば、もし自分が何か失敗をしても、誰かがそれをカバーしてくれると思っている。自分の苦手なことや短所を、まわりの人が補ってくれると思っているのです。

日本代表のコーチに復帰して迎えた世界選手権で、日本は八年ぶりにメダルを獲得することができました。その決勝前夜のミーティングで、選手の顔を見た時に、皆が「チームワーク」に走りそうな顔をしているとピンときま

した。そこで、「明日の決勝では、チームワークは一切必要ありません。隣の人は放っておいて、一人ひとりが一〇〇パーセントを出し切りなさい」と強く選手たちに言い聞かせました。その効果が出たのか、日本はメダルを手にすることができました。

人間にとって、絆はとても大切です。ですが、レベルの低い絆は、傷の舐め合いでしかありません。個人個人が、レベルの高いチームワークを目指してもらいたいのです。そのためには、まずは一人ひとりが、今ある自分の力を出し切ることに徹することが重要なのです。

「自分へのごほうび」は
間違い。
努力したかは
他人が決めるもの

14

自分のがんばりは、他人に評価してもらうべき

私の嫌いな言葉の一つに、「自分へのごほうび」があります。

最近は若い人に限りませんが、物事がうまくいかなかった時に、「がんばったんですが」と言う人が多くなったように思います。ちょっと待ってよ、と私は思います。努力したかどうかは、他人が決めるものではないでしょうか。「あなたはよく努力したね」とは、他人から言ってもらうものであって、「私は努力しました」と自己申告するものではないと私は考えます。

ですから同じように、「自分へのごほうび」は、ただ自分を甘やかしているだけだと思います。ごほうびとは、「あなたの努力は素晴らしい。ごほう

びをあげましょう」と、他人からいただくものです。自分へのごほうびなどと言っている暇があれば、ごほうびは他人からいただいてきなさいと言いたいのです。

予選に挑む選手たちを見守る（2015年7月・世界水泳カザン大会　チームフリールーティン予選、写真：長田洋平／アフロスポーツ）

「私はこれが精いっぱい」と思うことは、自分の可能性を閉ざしている

15

あなたはもっともっとがんばれる

人間というものは、少しでも努力をしたら「自分はすごくがんばった」という感覚を持つものです。

シンクロの選手たちを見ていても、努力をしていない子はいません。本人もすごくがんばったと感じている。

でも、私から見たら、そのがんばりは、一〇のうちの三くらいだということがわかります。その子は本当は一〇がんばれる。ですから三で満足していてはいけないのです。

私が「あなたはこんなところで満足していたら駄目よ」と叱咤《しった》すると、

「いえ、私はすごくがんばりました。これで精いっぱいです」と答える。でも、「精いっぱい」と自分で言うことは、自分で自分のことを安く見積もっているということ。自分はもっとできるのに、せっかくの可能性を自分自身で駄目にしているということなのです。

もうこれ以上はできない……そう自分で思っても、あなたはもっとがんばれるはずなのです。

無理をすれば、
もっと無理ができる。
もっと前が見える

16

成功している人の共通点は、しつこいこと、諦めないこと

日本代表のヘッドコーチに復帰してから、選手たちに一番多く掛けた言葉は何だろうと考えたら、それは「無理をしなさい」でした。

練習や本番の後で、選手が私に「私はがんばりました」と言います。いやいや、がんばっていないことはないけれど、その選手はもっとがんばれるのです。ですから、「もっと無理をしなさい。あなたはもっと無理ができるのよ」と言うのです。

人間は、精いっぱいがんばって、自分ができないと思っている無理ができれば、それまでは見ることができなかった〝その先〟を見ることができるよ

うになります。もし、無理をしなかったら、ずっと先にあるものを知らないままで、人生を終えることになってしまいます。ですから、もっと前へ、無理をしてもっと前へ行こうよ、と私は言い続けているのです。

日本だけではなく、世界中のシンクロの世界を見てきて思うのは、シンクロの世界で成功している人の共通点は、しつこいこと、諦めないことです。たとえ金メダルを取っても、まだ上を目指し、完璧を求めます。人間の完璧なんて、本当に誰にもわからないところにあると思います。でも、それを追い求め続ける。

念には念を入れて、駄目押しもしますね。どんなにいい結果を得たとしても、自分自身に甘んじることなく、もっと、もっとと、さらに上を目指すのです。

「自主的」とは、人の話を聞かないこととは全然違う

17

先輩や上司に何でも聞きまくろう

今の若い人たちは、「自主性」という言葉の中で育ってきたと言えます。個性の尊重とか、自主性を重んじるという教育を受けてきた。ですから、彼らは何事も自主的にしなくてはならないと思い込んでいます。でも、勘違いをしているのは、会社や人生の先輩に、何かを聞くことはいけないと思っていることです。

私が日本代表のコーチに復帰して驚いたのは、選手たちがコーチを頼らないことです。何事も自主的にしなくてはいけないと思っているので、コーチに何かを聞いたり、頼ることをしないのです。私は、そうではなくて、コーチは選手を後ろから支える大きな力なのだから、コーチの力を利用しなさいと教えることから始めたくらいです。「自主性＝誰にも尋ねない・聞かない」と思い込んでいる世代なので、練習でも、試合でも、すごく苦しんでいるのだと思います。

先輩や上司に、小さなことでもいいから聞きまくる。それは、先輩からたくさんのことを学び取ることでもあります。そして、先輩から「それでやってみろ」と言ってもらえたら、「自分の考えでいいんだ。価値観が合っているんだ」と突っ走ればいいのです。

幸運は元気そうな人についてくる

18

不運なんて捨ててしまえばいい

「運も実力のうち」と言われます。私は、運も相手を選んでやって来ると思っています。「もう駄目だ」「これ以上私にはできない」などと、厳しい状況に押しつぶされそうになっている人のところには、幸運は寄って行かないものなのです。

下を向いていたら、下にあるものしか見ることができませんよね。「がんばるぞ」「負けるものか」と前向きでいれば、必ず前にあるものが見えます。自分にとってよい結果を求めるならば、前を向かないと駄目なのです。

シンクロで厳しく指導していると、選手の中には泣き出す子もいます。そんな時は、「泣いても何の解決にもならない。疲れるだけだから泣くな」と、ピシャリと言いました。

神様だって、後ろ向きでウジウジしている人にはつきたくないと思います。幸運というものは、生き物です。だから、つきたいと思える人につくのが当たり前です。

運のよい人とは、不運を排除する能力があると私は考えています。誰にでも運・不運はあります。問題は、幸運に執着しているか、不運に執着しているかではないでしょうか。

不運なんて、考えていても無駄だと思ったら、すぐに捨ててしまえばいいのです。私なんて、右耳から入ってきた陰口や自分の判断を惑わすと思った言葉などは、すぐに左耳から捨てていきます。そして、これからよくなる方法しか考えません。運と不運は、抱きかかえ方が違うだけなのです。

第 4 章

自分の可能性を高める力を強くする

達成感が次への挑戦心を生む

選手たちは、一度達成感を味わうと、ガラリと変わります。

ある選手は、次の大会が終われればシンクロをやめると言っていました。ところが、その大会でウクライナに勝ったら、「もう少し続けて、世界選手権でメダルが取りたい」と言いだしたのです。その後、彼女は世界選手権で見事にメダルを取ったので、私は言いました。

「メダルが取れてよかったね。これで心おきなくやめられるね」

すると、彼女は次のように言ったのです。

「先生、私、やめるの、やめました」

「なぜ？　あなた、世界選手権でメダルを取ったらやめるって言っていたじやない」

「オリンピックのメダルもほしいんです」

達成感を味わって自分が先に進めたことを実感したら、さらにその先に行きたくなるのが選手であり、人間です。それは、今の若い人も同じ。ただ、今の若い人たちは達成感を味わったことがない人が大半です。

ぜひ、まわりの若い人たちに聞いてみてください。うれしくて、うれしくて、見も知らぬ隣の人と抱き合ったり、ハイタッチしたことがあるか。逆に、悔しくて眠れずに、ふとんの中で泣き続け、気づいたら朝だったことがあるか。

私の感覚では、そんな人は二〇〇人に一人ぐらいしかいません。本人たちは、そう思っていないと思いますが、起伏の少ない、波風の立たない、ほどほどの人生を送っている人がほとんどです。

誰にも期待されないことこそ辛いこと

今の時代、会社でも学校でも「プレッシャーをかけてはいけない」と言われることがあります。私はそれはおかしいと思います。私はプレッシャーとは、「やりがい」だと考えています。

私が教えている選手には、「日の丸を背負って戦いなさい。オリンピックでメダルを取りなさい」と言い続けています。これをプレッシャーという、重くて暗いものと考えるか。それとも私みたいに「よっしゃ。これこそ、やりがいの感じられる場所だ！」と思えるか。

私は、誰にもプレッシャーをかけられず、誰にも期待されない仕事なんて、したくありません。そんな仕事、私でなくてもいいじゃないですか。皆に期待され、結果を残してほしいと思ってもらえてこそ、「プレッシャー＝やりがい」となるのです。

演技を終えた選手を笑顔で見つめる（2016年8月・リオ五輪　デュエットフリールーティン決勝、写真：日刊スポーツ／アフロ）

長所だけでは戦えない。短所を克服してこそ自分のレベルは上がる

20

短所に素直に目を向けることから成長が始まる

今の若者に、「あなたの長所は？」と尋ねると、必ず「○○というところです」と答えが返ってきます。「ありません」とは決して言いません。私たちの若い頃と比べて、ずいぶんと変わっていると感じます。同じように「あなたの目標は？」と聞くと、これも必ず答えが返ってきます。ですが、「それで、あなたはどうするの？」「今日、あなたは何をすればいいの？」と聞くと、答えられません。

自分のいいところをわかっている。長所がどこなのかを理解している。でも、短所があることに真摯に目を向けることをしない。短所を避けて通るのです。

シンクロの世界で、世界一を目指そうとした時、日本チームには日本チームなりの長所があります。でも、同じように短所もあるわけです。外国のチームにはできて、日本チームにはできないことがある。でも、これを避けていては、絶対にメダルは取れません。

人間ですから、誰でも自分の苦手なことは避けて通りたいものです。それでも、自分の苦手なことに素直に目を向けて、苦手と感じなくなるまで必死に練習する。短所を克服することで、長所も伸びます。それでこそ、自分のトータルのレベルがアップするのです。

長所を伸ばすことは大切です。でも、長所だけでは勝負の世界で通用しない。これはビジネスの世界でも同じだと思います。自分の短所を認める。そこから成長が始まるのです。

嫌われることを恐れてはいけない

21

嫌なことは嫌とはっきり言おう

「ゆとり世代」の若者たちは、人との絆が好きなくせに、人とのつきあいが苦手な人が多いように感じます。それは、「嫌われたらどうしよう」「変な人だと思われたらどうしよう」という不安が先に立っているからではないでしょうか。

私に言わせれば、そんなことどうでもいいという感じです。私は、嫌われたら嫌われたでいい、という態度を前面に出します。お互いに妙な腹の探り合いをしているから、かえってつきあいにくくなってしまうのです。私は、すべての人から好かれたいとは少しも思っていません。嫌われるのを怖がるのは間違っていると思っています。

本音をズバッと言うと、嫌われると思われがちですが、必ずしもそうではありません。変に気を遣《つか》って、言ってることと本音が違っている人ほど、嫌われるものです。腹を探り合うつきあいほど、しんどいものはありません。でも、そんなつきあい方をしている人が多すぎます。

親子の関係も同じです。自分の子供なんだから、親は「それは駄目」と言っていいのです。「それは嫌い」と、本音をズバズバと言えばいいのです。

嫌われることを恐れていては、人間関係は前に進みません。嫌いなら嫌いでいい。嫌われても結構。でも、人間のすごいところは、その人を思う気持ちは、必ず伝わるものだということです。人と人とのつきあいというのは、嫌いなことは嫌いと言えてこそ深まるところがあるのだと思います。

自分を本気でさらけ出せなければ一流にはなれない

22

人ときちんと繋がるために今の自分を伝えよう

営業などの仕事は、人から見られる仕事という点で、シンクロと共通点があるかもしれません。私は、どちらも自分というものをしっかりと持って、自分をさらけ出すことが大切だと思っています。

自分を本気でさらけ出す。今の自分で本気で向かっていく。今の若い人たちが特に苦手にしていることです。

もし、自分なんて大したことのない存在だと思っているのならば、自分を出すことは辛いことでしょう。でも、価値のない人など、この世には一人もいません。自分の言葉で、自分の気持ちを真摯《しんし》に伝える。今の自分というものをさらけ出して、誠意を持って伝える。そうでなければ、人ときちんと繋がることはできないのです。

選手の演技にこらえていた感情が爆発（2016年8月・リオ五輪　チームフリールーティン、写真：Enrico Calderoni／アフロスポーツ）

23

染まってみて、初めて自分に合うかどうかがわかる

会社を辞める前に一度だけ考えてほしいこと

社会人になって、仕事を始めてみたものの、ちょっと自分には合わないなと感じている新入社員や若手社員は多いと思います。会社を「辞めようか」と考えている人もいるでしょう。私がその人たちに、何かアドバイスしてあげられるとすれば、あなたはその会社に染まってみましたか、と尋ねてみたいです。

会社には、会社ごとのカラーというものがあります。そのカラーに、どれだけ自分は染まってみたかを、一度考えてみてください。古い言葉と思われるかもしれませんが、「石の上にも三年」と言います。自分の色に合わないと言う前に、まずは、自分がその会社の色に染まってみる。染まってみて、仕事をがんばってみて、初めて本当に自分がその会社に合わないということがわかるのではないでしょうか。入社して数カ月で辞めてしまう若者が増えていると言われていますが、とてももったいないことだと思います。

会社の色に染まった上で、自分には向いていないと言えるまでやったのであれば、その時は転職を考えてもいいと思います。でも、嫌なことを避けて次に行っても、同じことを繰り返します。経験したことをきちんと自分の中で整理して、自分を変えて次に進むことが大切です。

24

アリのように二四時間働き、トンボのように複眼で物を見る

すべてを捧げて打ちこみ、広い視野を持つ

私は若い選手たちに、時には「アリ」のように、そして時には「トンボ」のようになってほしいと思っています。

アリのようにとは、二四時間、時間に関係なく働くことができる人間になるということです。スポーツであれば、一日に二四時間、練習するくらいの選手でなくてはならないということです。さすがに二四時間は無理でしょうが、それくらいの志を持ってほしいのです。

人生のどこかの時期において、時間に関係なく、時計など見ずにひたすら何かに打ちこんだ経験がなければ、一流にはなれません。

そしてトンボのようにとは、「複眼」を持つということです。トンボの眼は、人間のような単眼ではなくて複眼です。つまり、一つの立場だけではなく、いろいろな立場から物事を見たり、考えたりできる人間になってほしいということです。

一つの見方や考え方にこだわりすぎて、それ以外に何も考えられなくなってしまう。それでは、自ら視野を狭めているようなものです。広い視野を持って、いろいろな方向から考えることができれば、それまで見えていなかった世界が見えてきます。

乾・三井ペアと抱き合って喜ぶ（2016年8月・リオ五輪　デュエット決勝、写真：日刊スポーツ／アフロ）

第 5 章

人を育てる力の大切さを知る

上司は部下の人生をあずかっている

ビジネスのグローバル化が言われて久しいですが、世界で戦ってきた経験から言うと、今のままでは日本人は勝てません。必ず負けます。

私は中国とイギリスでも代表選手を指導してきましたが、彼女たちは自分の考えをはっきりと言います。

「先生はこう言ったけれど、私はこう思う。だからこうしてみた。見て！」

それに対して、やっぱり私の言ったやり方のほうがいいと言えば、「残念。私のは駄目か」と言って引き下がります。納得できなければ、納得できるまで聞いてきます。

自分の言ったことが否定されても、それは自信喪失に繋がりません。否定されたのは、「言ったこと」であって、自分の人間性が否定されたわけではないことがよくわかっているからです。

一方、日本の若い人は、自分の考えを言うこと自体が少ないですし、言ったことが否定されたら、自分の人生まで否定されたかのように自信を失います。

なぜこうも違うのかと考えると、やはり日本が豊かで平和だからでしょう。特に自分が何かを主張しなくても生活に何ら支障はありません。何も言わなくても損をしないし、言わなかったことを後悔することもない。

中国では、自分が主張しなければ、存在意義がなくなり、居場所がなくなります。自分を認めてもらうためには常に主張し続けなければならないというような環境で育ちます。いい悪いは別にして、こうした人たちと競争していくためには、日本人も自分の考えをはっきりと言えるようになる必要があるでしょう。

間違ったことを言ってもいいのです。間違ったら恥ずかしいからと、何も言わないよりは間違ったほうがいい。いえ、どんどん間違えればいいのです。

若い人の特権は、間違っても失敗しても、それが許されることです。失敗ができる、いい時期なのです。

そのためには周囲の懐《ふところ》の深さも必要です。間違いや失敗をした人をしっかりと受け止めてあげる度量がなくてはなりません。

私は、選手一人ひとりの人生をあずかっているという気持ちで指導してきました。上司の方あるいは経営者であっても、目の前の部下や社員の人生をあずかっているという気持ちで向き合ってみてはいかがでしょうか。そうすれば、人間と人間のつきあいができます。部下を叱る時でも、その人を少しでもよくしたい、成長させたいという愛情を含んだ叱り方になると思います。

現場においては、愛情などと言っていられないことも多いでしょう。だからこそ、目の前の人の人生をあずかっているのだという気持ちを忘れてはいけないと思うのです。

そして、そうした気持ちは、いつか必ず相手にも伝わると、私は信じています。

リーダーは
部下の道しるべに
ならなくてはならない

25

部下の失敗はすべて上司の責任

リーダーにふさわしい人、ふさわしくない人を考えた時、私は自分の部下の人生ごと、ぐっと抱え込むことができるかどうかだと思います。自分の利益など考えず、部下と一緒に戦い、部下の失敗は自分の失敗として責任を取る覚悟と心の広さがなくてはいけません。

私も、選手たちの演技がうまくいかない時は、すべて自分の責任だと思っています。選手たちのレベルがうまく上がってこなければ、それは私の指導が悪いからです。

会社での上司も同じでしょう。部下のスキルを上げてやりたい。でも、スキルが上がらなければ、上司の指導が悪いのです。

部下も、うまくいかなかったら、それは上司ではなくて自分のせいだと反省しなくてはいけません。

結局、上司であれ、部下であれ、結果の責任を「自分に返す」ことが大切なのです。

試合前の選手に思いを伝える（2015年5月・ジャパンオープン　ソロフリールーティン決勝、写真：長田洋平／アフロスポーツ）

選手とコーチ、上司と部下は、お互いに戦わなくてはいけない

26

ゲーム感覚で競い合おう

スポーツの世界では、選手とコーチはお互いに競い合い、戦っている関係にあると思います。これは、会社における上司と部下の関係にも言えるかもしれません。

厳しいことを言われた時に、選手や部下は、言われっぱなしでは駄目です。この間はこんなことを言われたけれど、今度は上司に褒めさせてやろうとか、「よしっ!」と言わせようとか、そんな気持ちを持たなければなりません。このままでは自分は終われない、いつか認めさせてやると思うのです。そういう気持ちがとても大切だと思います。

会社などで、上司から課題を与えられ、それをクリアすることを求められることは、とても苦しいものです。でも、それを苦しいとだけ思うか、それとも上司に「よくやった」と言わせようという気持ちになれるかで、結果はずいぶんと違ってきます。

上司から注意されるのか、褒められるのか。与えられた課題をクリアできるのか、できないのか。この状況を、一つのゲームのように捉えて、ゲーム感覚で楽しめると、心がずいぶんと楽になるはずです。

言われっぱなしで苦しいだけというのは、自分にエネルギーが少ないからです。では、そのエネルギーを高めるにはどうすればいいのか。それはやはり、負けん気を持つことが必要だと思います。言われたことを克服するために、一歩でも前に出る。人生にも必要なことだと思います。

駄馬を名馬にするのがコーチ

27

たとえ素質に恵まれなくても一流に育てる醍醐味

私は四〇年以上も、シンクロのコーチを続けてきました。指導に対する情熱は、衰えるどころか、ますます強くなっていると感じています。

なぜこんなにも長い間、コーチをしていられるのかを自分なりに考えてみると、それは自分の目の前にいる選手を指導することで、成長していく姿を見ることができるからです。

たとえ、何もかも不足だらけの選手が目の前に来ても、どうにかして上達させてやるんだと思った時に、コーチとしてのやりがいと面白さを感じることができるのです。

誰が指導しても超一流になるような選手より、たとえ素質が恵まれていなくても、その選手のありのままを認めてあげて、私の手で一流選手に育て上げることに、限りない魅力を感じます。

少し言葉は悪いかもしれませんが、駄馬を名馬にするのがコーチの役割だと私は信じています。

表彰式後に銅メダルをかけてくれた選手たちと（2016年8月・リオ五輪　チーム表彰式、写真：長田洋平／アフロスポーツ）

28

叱る時は「三点セット」で叱る

ただ叱るだけでは人は伸びない

テレビなどで、私が選手たちを叱るシーンばかりが映されるせいか、私は「叱る」代表のように思われているようです（笑）。でも、自分では叱っている感覚はありません。本当のことを言っているだけだと思っています。叱っているのではなく、「①選手の悪いところをはっきりと指摘している」のです。これが私が「三点セット」と呼んでいる叱り方の第一番目です。

そして、本当のことを指摘したら、次に「②必ず悪いところを直す方法を伝える」ことが必要です。直す方法を伝えなくては、叱られっぱなし、自信をなくしっぱなしになってしまいます。人は失敗すると自信をなくしますが、そこから這い上がった時に、自信を得るのです。私は、直し方を言って、たとえすぐに直らなくても、その選手が駄目だとは思いません。叱った後は、手を替え品を替え、いろいろな方法を伝えなくてはならないのです。

そして最後に、「③直せたかどうかを確認する」のです。改善できたかどうかを確かめるのは、口で言うほど簡単ではありません。できるようになるまでやり続けなくてはならないからです。

何回やってもできないと、私の教え方が悪いんじゃないかと迷いが出てきます。私も人間ですから、一生懸命やっている選手を見るとかわいそうになって、もうこの辺でいいか、という気持ちが起こってきます。でも、そこでやめてしまうと、結局は選手のためになりません。私は選手とではなく、妥協したくなる自分と戦うのです。

自分の心を
感動させられない人間が、
他人の心を
動かせるわけがない

29

本を読み、芸術に親しみ、心を豊かにしよう

シンクロは、審判員の採点によって順位が決まる競技です。審判員は人間です。その審判員から得点を得るということは、審判員の心を動かして、それを得点としていただくということです。ということは、選手たちは審判員の心を動かさなくてはならないわけです。

では、どうすればいいのか。審判員の心を動かすためには、審判員の心を感動させなくてはなりません。審判員の心を感動させるのは、選手自身の心です。選手は、自分が感動する人間でなければ、絶対に人を感動させることなどできません。

いろいろな知識の引き出しを持ち、常に自分の心を高め、心が豊かな人間にならなくてはいけないのです。

ですから選手たちは、本を読んだり、芸術を鑑賞したりして、心が感動する場に足を運ぶことが重要になります。私も、選手たちを歌舞伎や舞台に連れて行ったりしました。

人間が本気になって、自分の知識と感性と感情をすべてぶつければ、人の心は動きます。そんな人間でなければ、人の心を動かすことなどできないのです。

練習で一〇〇回やって九九回できても、できなかった一回が出るのが本番

30

❋オリンピックに魔物は棲《す》んでいない

「オリンピックには魔物が棲んでいる」とよく言われます。メダルが確実と言われた選手が、あえなく入賞を逃すことは確かにあります。でも、私の経験から言えることは、オリンピックに魔物なんていません。勝つべき人が勝っています。

オリンピックに限らず、本番で結果を出せない人は、奇跡を願っているのです。練習で一〇〇回やって一回できたものを出そうとしても、そんな奇跡は起こりません。

練習で一〇〇回のうち、九九回できていても、できなかった一回が本番で出てしまう。それが勝負の世界です。

緊張して力が出せなかった、練習通りに力が出せなかったという選手がいます。それは、奇跡を願っているからです。やることをやらないで、奇跡を望むから緊張するし、練習通りにできないのです。

もしかしたら、オリンピック期間中に一人くらい、奇跡は起こっているのかもしれません。でも、その人はきっと、一生分の奇跡を使い果たしていると思います。もうその人には、人生が終わるまで奇跡は起こらないでしょう。奇跡が起こるというのは、それほどのものなのです。

本番では、その場に立つまでにどれだけのことをしてきたかが、自分を支えてくれるのです。それまでに自分はどれだけの時間をかけ、どれだけの知恵を絞り、どれだけ自分の心を注いできたか。それをすることなく、勝利を望んでもそれは無理です。その場に立つまでに、勝負の答えは出ているといってもいい。

「練習は試合のように。試合は練習のように」と私はいつも言っています。本番までにやるべきことをやりきった人は、別に緊張することはありませんし、怖いものは何もありません。それが勝負で結果を出すための、唯一の方法なのです。

今回のリオデジャネイロオリンピックでは、私が指導した九回のオリンピックの中で、もっとも中身の濃い、ハードな練習をしてきました。本当は私の後ろをついて来ているようでは駄目で、私を追い抜くくらいでないといけないのですが、それでも選手たちは自分で自分を叱咤《しった》し続けました。それがメダルに繋がったのだと思いますし、もう一歩前に行くことは可能だと信じています。

〝日本シンクロ復活〟銅メダルを手に選手・コーチたちと（2016年8月・リオ五輪　チーム表彰式、写真：日刊スポーツ／アフロ）

〈著者略歴〉
井村雅代（いむら・まさよ）
シンクロナイズドスイミング日本代表ヘッドコーチ。1950年8月16日生まれ。大阪府出身。シンクロ選手としては、日本選手権チーム競技で２度優勝の実績をもつ。天理大学卒業後、中学校教師を経て、78年から日本代表コーチに就任。85年に「井村シンクロクラブ」創設。その指導者としての実績や功績の大きさから日本の「シンクロ界の母」と称される。2015年1月より日本代表ヘッドコーチに復帰し、世界選手権カザン大会では、デュエット、チームで銅メダルを獲得。リオデジャネイロオリンピックでは、デュエット、チームで銅メダルを獲得（12年ぶり）。

井村雅代コーチの
結果を出す力
あと「１ミリの努力」で限界を超える

2016年10月11日　第１版第１刷発行

著　者　井　村　雅　代
発行者　安　藤　卓
発行所　株式会社ＰＨＰ研究所
京都本部　〒601-8411　京都市南区西九条北ノ内町11
マネジメント出版部　☎075-681-4437（編集）
東京本部　〒135-8137　江東区豊洲5-6-52
普及一部　☎03-3520-9630（販売）
PHP INTERFACE　http://www.php.co.jp/
組　版　朝日メディアインターナショナル株式会社
印刷所
製本所　図書印刷株式会社

ISBN978-4-569-83444-3